F. BURGMÜLLER
(1806 - 1874)

25 ESTUDOS

FÁCEIS E PROGRESSIVOS

Op. 100

PARA PIANO

Revisão de Souza Lima

Nº Cat. - 383-M

Irmãos Vitale S/A Indústria e Comércio
www.vitale.com.br
Rua França Pinto, 42   Vila Mariana   São Paulo   SP
CEP: 04016-000   Tel: 11 5081 9499   Fax: 11 5574 7388

© Copyright 1963 by Irmãos Vitale S.A. Ind. e Com. – São Paulo – Brasil.
Todos os direitos autorais reservados para todos os países. *All rights reserved.*

CANDURA

Op. 100 - Nº 1

F. Burgmüller
(1806 - 1874)

ARABESCOS

Op. 100 - N° 2

PASTORAL

Op. 100 - Nº 3

REUNIÃO DE CRIANÇAS

Op. 100 - Nº 4

INOCÊNCIA

Op. 100 - Nº 5

PROGRESSO

Op. 100 - Nº 6

O RIACHO

Op. 100 - Nº 7

GRACIOSA

Op. 100 - Nº 8

A CAÇA

Op. 100 - Nº 9

Allegro vivace ♩.= *100*

FLOR MIMOSA

Op. 100 - Nº 10

A ALVÉLOA
(Pequeno pássaro)

Op. 100 - Nº 11

ADEUS

Op. 100 - Nº 12

CONSOLAÇÃO
Op. 100 - Nº 13

A ESTIRIANA
Op. 100 - Nº 14

BALADA
Op. 100 - Nº 15

DOCE QUEIXA

Op. 100 - Nº 16

TAGARELA
Op. 100 - Nº 17

INQUIETAÇÃO
Op. 100 - Nº 18

AVE MARIA

Op. 100 - Nº 19

TARANTELA

Op. 100 - Nº 20

VOZES DOS ANJOS

Op. 100 - Nº 21

Allegro moderato ♩ = 132

BARCAROLA

Op. 100 - N° 22

REGRESSO
Op. 100 - N° 23

A ANDORINHA

Op. 100 - Nº 24

A JOVEM FIDALGA

Op. 100 - Nº 25

ÍNDICE

1 - Candura 2
2 - Arabescos 3
3 - Pastoral 4
4 - Reunião de crianças 5
5 - Inocência 6
6 - Progresso 7
7 - O riacho 8
8 - Graciosa 9
9 - A caça 10
10 - Flor mimosa 12
11 - A alvéola 13
12 - Adeus 14
13 - Consolação 16
14 - A estiriana 17
15 - Balada 18
16 - Doce queixa 20
17 - Tagarela 21
18 - Inquietação 22
19 - Ave Maria 23
20 - Tarantela 24
21 - Vozes dos anjos 26
22 - Barcarola 28
23 - Regresso 30
24 - A andorinha 32
25 - A jovem fidalga 34